Inhalt

Activity-Based Costing (ABC)

Kernthesen

Beitrag

Fallbeispiele

Weiterführende Literatur

Impressum

Activity-Based Costing (ABC)

M.Westphal

Kernthesen

- Das Activity-Based Costing ist ein Kostenrechnugnstool, welches schon in den achtziger Jahren entwickelt wurde.
- Erst in den neunziger Jahren begannen viele Firmen mit der erfolgreichen Einführung dieses Kostenrechnungssystems.
- Die Anwendung der Activity-Based Costing-Systeme warf im Laufe der Zeit einige Probleme auf, die auch in der virulenteren Unternehmensumwelt begründet lagen.
- Eine aktuelle Weiterentwicklung des Activity-Based Costing ist das Time-Driven Activity-Based Costing, welches die

Nachteile des Activity-Based Costing löst.

Beitrag

Das Activity-Based Costing ist ein Kostenrechnugnstool, welches schon in den achtziger Jahren entwickelt wurde

Die Methodik des Activity-Based Costing (ABC) wurde schon zu Beginn der achtziger Jahre konzipiert und in Nordamerika und Deutschland entwickelt. Erst in den letzten Jahren hat sich ein Methoden-Werkzeugkasten entwickelt, der eine kurzfristige Ergebnisverbesserung ermöglicht.
Die wesentlichen Maßnahmenblöcke sind in diesem Zusammenhang:

- Durchführung einer ABC-Analyse für alle Produkte und Kunden inklusive einer ABC-Matrix
- Fixe und indirekte Kosten müssen verursachungsgerecht auf Kunden und Produkte allokiert werden. Daraus entsteht eine ABC-Matrix, die den tatsächlichen Nettoergebnisbeitrag für Kunden und Produkte ausweist.

- Darauf aufbauend muss eine detaillierte Maßnahmenplanung inklusive einer Quantifizierung der Ergebniseffekte erstellt werden.
Die Zielerreichung muss regelmäßig überwacht und überprüft werden.
[(5)](#) [(6)](#)

Erst in den neunziger Jahren begannen viele Firmen mit der erfolgreichen Einführung dieses Kostenrechnungssystems

In den neunziger Jahren haben viele Firmen große Vorteile erfahren durch die Einführung von ABC-Systemen. Allerdings wurde es in zunehmend komplexen und dynamischen Umfeldern immer schwieriger, die ABC-Systeme aufrecht zu erhalten. Dieses basierte insbesondere auf vier Problemen:
1. Die kontinuierliche Überprüfung der Ressourcen, die einer Aktivität zuzurechnen sind, wurden zu selten erhoben, aufgrund des hohen Zeitbedarfs der Erhebung.
2. Das Management fühlt sich nicht wohl mit dem hohen Maße an Subjektivität, welche den persönlichen Zeitschätzungen unterliegt.
3. Die ersten ABC-Systeme rechneten

Durchschnittskosten. In komplexen Umfeldern gibt es aber große Unterschiede vom Zeitbedarf zur Lösung z. B. einer Kundenbeschwerde.
4. In frühen ABC-Systemen wurde Kapazität auf dem Level der Aktivitäten errechnet. Für viele Aktivitäten ist es aber schwer, die Kapazität dafür zu schätzen.
(3)

Traditionelle ABC-Systeme bestehen aus sechs Schritten:
1. Bestimmung der Aktivitäten
2. Ermittlung der Ressourcen
3. Allokation der Ressourcenkosten auf die Aktivitäten
4. Bestimmung aller Stückkostentreiber
5. Berechnung der Stückkostentreiber
6. Allokation der Kosten auf die Kostenträger gemäß ihrem Verbrauch der Kostentreiber
(3)

Die Anwendung der Activity-Based Costing-Systeme warf im Laufe der Zeit einige Probleme auf, die auch in der virulenteren Unternehmensumwelt begründet

lagen

Eine Frage, der sich Unternehmen gerade in Zeiten schlechter Konjunktur gegenübersehen, ist, wie bei sinkendem Absatz und einem wechselnden Mix hin zu mehr Service die Unternehmen die Beschäftigung restrukturieren, oder aber den Kundenmix optimieren können, so dass die Profitabilität und damit die Qualität des Kundenservice verbessert wird. (3)

In Zeiten guter Konjunktur reichte eine normale ABC aus, um zu kalkulieren, ob die Kosten des Service den Preis nicht übertreffen. In konjunkturell schwachen Zeiten allerdings sinken die Margen, Kunden wollen mehr Service, diesen aber nicht bezahlen. (3) Die Anforderungen an eine ABC sind somit gewachsen hin zu detaillierten Analysen, warum eine niedrige oder negative Profitabilität vorliegt. (3)

Die Methoden Activity Based Costing und auch die Prozesskostenrechung sind für das Kostenmanagement ein großer Fortschritt. Trotzdem kommt bei beiden noch ein Aspekt zu kurz. Es gibt keine kapazitätsbezogene Messung der in Anspruch genommenen Ressourcen. Relevant ist dies insbesondere bei den durch Personalkapazität dominierten teuren Gemeinkostenbereichen. Hierbei kann Time-Driven ABC durch den Aufbau der Zeitverbrauchsfunktion Abhilfe schaffen.

Time-Driven ABC stellt hierbei ein überzeugendes und implementierbares Konzept dar, welches deshalb auch hohe Verbreitungschancen aufweist. (4)

Eine aktuelle Weiterentwicklung des Activity-Based Costing ist das Time-Driven Activity-Based Costing, welches die Nachteile des Activity-Based Costing löst

Das Time-Driven Activity-Based Costing ist eine Weiterentwicklung des Activity-Based Costing, welches den Teilprozessen Ressourcenverbräuche mit Hilfe ökonomischer Verbrauchsfunktionen zuordnet. Diese Verbrauchsfunktionen geben den Ressourcenverbrauch für die einmalige Teilprozessausführung in Abhängigkeit von multiplen Einflussfaktoren an (z. B. Leistung ausgedrückt in Maßgrößenmengeneinheiten je Zeiteinheit, von Kundeneigenschaften, Vertriebswegen, Produkteigenschaften oder bei der Ressource Personal dem Qualifikationsgrad).
Es gibt in dieser Betrachtung nur eine Unbekannte, was den numerischen Aufwand zur Entwicklung von Verbrauchsfunktionen verringert. Allerdings ist in

Anbetracht des steigenden Komplexitätsgrades der Unternehmensprozesse von der realistischeren Annahme auszugehen, dass potenziell mehrere Einflussfaktoren für den Ressourcenverbrauch ursächlich sind. Somit muss das Time-Driven ABC multiple Einflussfaktoren in Bezug auf ihre Kostenwirkung beurteilen und selektieren.
Der Untersuchungsbereich des Time-Driven ABC erstreckt sich wie bei der konventionellen Prozesskostenrechnung auf die Gemeinkostenbereiche von Unternehmen und Institutionen.
Die Kostenstruktur wird in diesen Bereichen von personalabhängigen Kostenarten dominiert. Heute wird deshalb häufig eine Verrechnung der Kostenstellenkosten auf die Teilprozesse im Verhältnis der auf die Teilprozesse zugerechneten Mitarbeiterkapazitäten durchgeführt. (2)
Time-Driven ABC besteht aus folgenden acht Schritten:
1. Bestimme die Aktivitäten
2. Messe die Ressourcen
3. Schätze die Kapazität der Ressourcen
4. Berechne die Kosten einer Zeiteinheit
5. Bestimme die benötigten Zeiteinheiten per Aktivitäteneinheit für alle Aktivitäten
6. Bestimme die gesamte Anzahl der Treiber per Aktivität pro Periode
7. Berechne die Kosten per Stückkostentreiber

8. Allokiere Kosten zu ihren Kostenträgern gemäß dem Konsum der Aktivitäten Treiber.

Eine wesentliche Aufgabenstellung bei der Gestaltung und Pflege von Time-Driven ABC-Systemen ist die Ermittlung und Prognose möglichst realistischer Sollzeiten für die Teilprozessausführung. (2) Zwar ist eine ex post-Ermittlung mit geringem Aufwand möglich, weitaus wichtiger ist jedoch die Fragestellung, von welchen Faktoren oder auch Eigenschaften der Zeitbedarf abhängt. (2)

Im Zusammenhang mit dem Time-Driven Activity-Based Costing gibt es zwei Problemstellungen:
1: Die Nutzung der Daten aus einem Process Warehouse zum Aufbau und zur Pflege des Prozessmodells und der Zeitverbrauchsfunktion. Damit soll das Ziel verfolgt werden, Time-Driven ABC ohne manuellen Pflegeaufwand zu ermöglichen.
2: Darüber hinaus sollen die Informationen eines Process Warehouse zur Entscheidungsunterstützung aufbereitet werden können.
Zunächst wird ein Istprozessmodell benötigt, welches die betrieblichen Abläufe mit hinreichender Genauigkeit dokumentiert. Im Rahmen prozessorientierter Kostenrechnungssysteme herrscht derzeit eine Erhebung der Prozessmodelle meist im Rahmen von Projektstudien vor (z. B. durch Beratungsunternehmen) wobei eine zeitnahe

Aktualisierung nicht gewährleistet ist. So kann es geschehen, dass die Kostenverrechnung Änderungen von Teilprozessen nicht zeitnah berücksichtigt. (2) Um aktuelle und relevante Informationen auch in dynamischen und komplexen Umfeldern ohne arbeitsaufwendige dauernd wiederholende "Kostenstelleninterviews" zu gewährleisten, ist der Einsatz von Instrumenten, die eine möglichst automatische Generierung und Aktualisierung von Istprozessmodellen darstellen, zu gewährleisten, um so letztlich die Strukturobjekte für die Allokation von Prozesskosten einzufädeln. (2)

Data Mining als wesentliche Komponente einer Time-Driven ABC hat einen prozessorientierten Charakter. In der Controllingpraxis lassen sich Datenbestände nicht ohne weiteres analysieren. Die Daten müssen zunächst bereinigt , transformiert und durch externe Quellen vervollständigt werden. Daher ist Data Mining als integrierter Prozess zu verstehen, der durch Anwendung von Methoden auf einen Datenbestand Muster entdeckt. Neben dem Data Mining gewinnt gerade das Process Mining aufgrund der Relevanz prozessbezogener Daten für die betriebliche Planung an Relevanz. So werden über log files und Datenbestände betrieblicher Transaktionssysteme wie etwa der Finanzbuchhaltung Daten von betrieblichen Anwendungssystemen protokolliert. So können

Prozessmodelle aufgebaut, aber auch quantitative Modelle zur Identifikation von Verbrauchszusammenhängen und weiterführende Analyseaufgaben einfließen. Zentrale Datenlieferanten für das Process Mining sind Komponenten der betrieblichen Anwendungssystemarchitektur, die zur Abwicklung der Geschäftsprozesse eingesetzt werden wie z. B. ERP-Systeme. (2)

Das analytische Time-Driven ABC gewinnt über das Controlling hinaus Bedeutung für Marketing und Vertrieb. Es liefert die Informationsgrundlage für ein marktorientiertes, integriertes und konsistentes Prozesskostenmanagement. (2)

Zusammenfassung:

Time-Driven ABC-Systeme ermöglichen eine deutlich genauere Schätzung sowie Überprüfung von ungenutzter Kapazität und lösen somit die Nachteile traditioneller ABC in Bezug auf den trade-off zwischen der Komplexität der Kostenmodelle und der Einfachheit der Beherrschung des Systems. So gewinnt das Management auch mehr Zeit, die Daten des Systems vernünftig zu analysieren und sich nicht nur mit dem kontinuierlichen Neudesign des

Kostenmodells zu beschäftigen. (3)

Fallbeispiele

Die Europäische Transaktionsbank (ETB) ist in Europa als einziger Wertpapierabwickler ISO-zertifiziert. Die ETB hat allerdings einen Ansatz gewählt, der über reines Qualitätsmanagement weit hinausgeht. Die ETB ist aufgrund des vor etwa zwei Jahren begonnenen Activity-Based Costing-Ansatz in der Lage, für jeden Dienstleistungsprozess im Unternehmen die genauen Kosten zu bestimmen. (1)

Weiterführende Literatur

(1) Der Markt für Wertpapierabwicklung muss sich bewegen
aus Zeitschrift für das gesamte Kreditwesen Ausgabe Technik 05 vom 01.12.2004 Seite 024 ·

(2) Grob, Heinz Lothar; Bensberg, Frank; Coners, Andre, Analytisches Time-Driven Activity-Based Costing, Controlling, Heft 11/2004, S. 603-611
aus Zeitschrift für das gesamte Kreditwesen Ausgabe Technik 05 vom 01.12.2004 Seite 024 ·

(3) Brugemann, Werner; Moreis, Kris, Activity-Based Costing in Complex and Dynamic Environments, The Emergence of Time-Driven ABC, Controlling, Heft 11/2004, S. 597-602
aus Zeitschrift für das gesamte Kreditwesen Ausgabe Technik 05 vom 01.12.2004 Seite 024 ·

(4) O. V., Zeit ist Geld!, Controlling, Heft 11/2004, S. 595
aus Zeitschrift für das gesamte Kreditwesen Ausgabe Technik 05 vom 01.12.2004 Seite 024 ·

(5) Kayser, Holger; Paczkowski, Jörg, Wie viele "Kunden-Könige" können wir uns noch leisten?, Controlling, Heft 10/2004, S. 551-556
aus Zeitschrift f&uuml;r das gesamte Kreditwesen Ausgabe Technik 05 vom 01.12.2004 Seite 024 &middot;

(6) Ungenutzte Potentiale besser ausschöpfen
aus Frankfurter Allgemeine Zeitung, 27.09.2004, Nr. 225, S. 22

Impressum

Activity-Based Costing (ABC)

Bibliografische Information der deutschen Nationalbibliothek

Die Deutsche Nationalbibliothek verzeichnet diese Publikation in der deutschen Nationalbibliografie; detaillierte bibliografische Daten sind im Internet über http://dnb.d-nb.de abrufbar.

ISBN: 978-3-7379-0017-1

© 2015 GBI-Genios Deutsche Wirtschaftsdatenbank GmbH, Freischützstraße 96, 81927 München, www.genios.de

Alle Rechte vorbehalten. Dieses Werk ist einschließlich aller seiner Teile – z.B. Texte, Tabellen und Grafiken - urheberrechtlich geschützt. Jede Verwertung außerhalb der Grenzen des Urheberrechtsgesetzes bedarf der vorherigen Zustimmung des Verlags. Dies gilt insbesondere auch für auszugsweise Nachdrucke, fotomechanische Vervielfältigungen (Fotokopie/Mikroskopie), Übersetzungen, Auswertungen durch Datenbanken oder ähnliche Einrichtungen und die Einspeicherung und Verarbeitung in elektronischen Systemen.